Historia Universal de la Literatura

RIMAS

Y OTROS POEMAS

GUSTAVO ADOLFO BÉCQUER

RIMAS

Y OTROS POEMAS

EDICIONES ORBIS, S.A. – EDITORIAL ORIGEN, S.A.

Edición preparada por Manuel Fernández Nieto

ISBN: 84-7530-386-2
D.L.B. 38351-1983

Compuesto, impreso y encuadernado por
Printer industria gráfica, s.a. Provenza, 388 Barcelona-25
Sant Vicenç dels Horts

Printed in Spain

NOTA PREVIA

Reproducimos los poemas de Gustavo Adolfo Bécquer, con sus textos originales, teniendo en cuenta todas las correcciones y adiciones realizadas en ediciones modernas. Los *Primeros poemas* y los de *transición*, fueron dados a conocer en diversas publicaciones y, más tarde, recogidos junto al resto de su poesía, tal como aparecen en el presente volumen.

Mayor dificultad presentan las *Rimas*. Éstas se incluyeron en el autógrafo original del poeta que forma el *Libro de los Gorriones* (Edición facsímil. *Introducción Sinfónica. La mujer de piedra. Rimas. Estudio y transcripción de los textos en prosa*, Guillermo Guastavino Gallent. *Estudio, transcripción de las Rimas*, Rafael de Balbín y

Antonio Roldán. Madrid, Ministerio de Educación y Ciencia, 1970). Se publicaron por primera vez, en parte, en *Obras* (Madrid, 1871), con el tiempo se añadieron algunas otras que también incluímos aquí. La ordenación es distinta, pues sigo la utilizada por el profesor Joaquín de Entrambasaguas en su libro, *La obra poética de Bécquer en su discriminación creadora y erótica* (Madrid, Vassallo de Mumbert, 1974). Se trata del estudio y edición mejor y más completo de cuantos se han realizado en torno al poeta sevillano, a él remito a los lectores interesados en conocer con más profundidad los diversos aspectos críticos y bibliográficos sobre la poesía de Bécquer.

Por último, se dan el resto de poemas que componen el conjunto de la poesía becqueriana, del que se han eliminado aquellas composiciones sobre las que no existen datos fehacientes que confirmen la atribución a Bécquer.

Manuel Fernández Nieto

PRIMEROS POEMAS

(1848-1855)

I

ODA A LA MUERTE DE DON ALBERTO LISTA

Lágrimas de pesar verted, y el rostro
en señal de dolor, cubrid, doncellas,
las liras destemplad y vuestros cantos
lúgubres suenen.

La vil ceniza del cabello cubra
los sueltos rizos que, volando al aire,
digan al par con vuestros ayes tristes:
«Murió el poeta.»

¿Oís? «¡Murió!», repiten asustadas,
con flébil voz, las Musas, y, aterrado,

también Apolo con dolor repite:
«Murió por siempre.»

Pero mirad, mirad. Ya Melpomene
de entre el lloroso grupo se levanta,
toma la lira y con acento triste
canta; escuchemos.

«¿Quién cortó —dice— la preciosa vida
del cisne de la Bética? ¿Qué mano
impía, de las ondas siempre claras
del Betis, arrancó su amado hijo?

¿Quién fue el osado?»
Llorad, musas, llorad, y descompuestas
las trenzas del cabello, dad al viento;
la Parca fue quien de su vida el hilo
cortó inmutable.

¿Y no temiste? ¿La segura mano
al descargar el golpe no temblaba?
¿Su respetable ancianidad, sus años,
no te movieron?

(Sevilla, 1849)

II

FRAGMENTOS DE POEMAS

¡Cuántas veces también, en la colina
donde te dije adiós, suspensa el alma,
mirar creía con el ardoroso
polvo que mi caballo levantaba!...
Y de mis tristes ojos, conociendo
el engaño, una lágrima brotaba.

Y dudarlo podrás, ¡oh!, cuántas veces,
al tiempo que del sol tras las montañas
se ocultaba la frente, y de los bosques
descendían las sombras enlutadas,
al cantar melancólico del ave
mis ardientes suspiros se juntaban...

¡Oh!, Cuántas noches, en sereno vuelo,
el espacio cruzar la plateada
luna veía, y de mis tristes penas,
en mi ilusión, la causa le contaba...
Ella, al par que estos campos silenciosos,
también tu noble frente iluminaba.

¿Quién es la ninfa de inmortal belleza
que al dulce son de la agradable lira,
con célica esbelteza,
danzar el alma arrebatada mira
y entrega al vagaroso
viento la trenza del cabello undoso?

¿Quién es la que la blonda cabellera
de rosa ostenta y de laurel ceñida;
la que hiende ligera
el espacio, y descendida
parece de la altura
su belleza inmortal y su hermosura?

¿Quién es la que, ceñida al blanco velo,
en torno muestra la nevada frente?
¿La que en rápido vuelo
cruza y esbelta entrégale al ambiente,
con grata donosura,
la cándida, flotante vestidura?

Desde la pura celestial morada
del Olimpo parece descendida;
el fuego, en su mirada
de la lumbre inmortal brilla encendida,
y en su mejilla hermosa
el color del jazmín y de la rosa.

Como a orillas del lago cristalino
se doblega la caña silbadora,
su talle, peregrino
se mece, y es la gracia que atesora
ya la presteza tanta,
que apenas toca el suelo con la planta.

El fuego del amor arde en sus ojos,
el carmín de la rosa en sus mejillas
se muestra, y en los rojos
labios divinos de su boca brilla
sonrisa encantadora,
que roba el corazón y lo enamora.

—

La luna entre las nubes se escondía;
en silenciosa oscuridad el valle
yacía perdido; sólo interrumpía
la profunda quietud que allí reinaba
el viento, que formaba,
en el vecino bosque dilatado,
un ruido manso, lento, compasado...

III

¡LAS DOS!

(JUGUETE ROMÁNTICO)

Silenciosa está la noche,
apenas suspira el viento,
sólo algún perdido acento
turba su calma y quietud.

Serena por el espacio,
callada la luna sube,
platea la blanca nube
su sitio rayo de luz.

Sorda y con lento compás,
en una iglesia lejana
suena una triste campana
y da una hora: las dos.

¡Las dos! Hora misteriosa
de fantasmas y hechiceras,
de espectros y de quimeras
que nos inspiran terror,

en que el sepulcro abandonan,

por las magas evocados
y en un velo rebozados,
los que dejaron de ser.

Hora que si en el hogar,
cuando narra una conseja
la escucha crédula vieja
se la ve palidecer.

En la que gime en las torres
el cárabo lastimero
y ensaya el búho agorero
su fatídico graznar.

El gallo canta, y susurra
melancólica la fuente,
escuchándose doliente
el ronco aullido del can.

¡Las dos! Quizás esta hora
una virgen anhelante
cuenta, esperando al amante
que se tarda en acudir.

Tal vez en su calabozo
marca esa hora perdida
una menos de su vida
al reo que va a morir.

Tal vez algún asesino
las dos estaba esperando
con impaciencia, probando
la punta de su puñal.

Y ese reloj impasible,
con su vibración sonora,
anuncia la infausta hora
de la muerte al criminal.

¡Las dos! Quizás el sonido
funeral de esa campana
espera la cortesana
para una cita de amor.

Quizás será la postrera
que, antes de partir del mundo,
oye triste el moribundo
en su lecho de dolor.

Tal vez vuelan a esta hora
las brujas con algazara,
que Belcebú convocara
a un diabólico festín.

Y al pasar cerca del lecho
donde duerme un ángel puro,
lanzan horrible conjuro
con maldiciones sin fin.

Que es hora en que el temerario
con asombro se estremece
y aterrado palidece
sin acertar el porqué.

En que las Wils misteriosas
que a los mortales encantan,
de la tierra se levantan
por un oculto poder.

Hora extraña que parece
de más tarda vibración,
de más fantástico son
y otro diverso compás.

Mas que a pesar de los sueños
con que la adorna la mente,
es completa, exactamente,
lo mismo que las demás.

IV

ODA A LA SEÑORITA LENONA EN SU PARTIDA

¿Y te vas? ¿Y del Betis placentero
abandonas las márgenes floridas?
¿Y el llanto lastimero,
y las amargas lágrimas vertidas
por tus amigos en el trance fuerte,
bastantes no serán a detenerte?

¿Y de tus negros y brillantes ojos
ya no veremos el fulgor divino?
¿Y de tus labios rojos
no escucharemos más el peregrino
acento que resuena
más dulce que el cantar de Filomena?

¡Ah! ¡No partas, cruel! Mira el sagrado
Betis cuál alza, de laurel ceñida,
la frente arrebatada,
la nueva al escuchar de tu partida;
así, con triste acento
te dice, mientras calla el raudo viento:

«Hermosa ninfa de mi verde orilla,
gala del prado, gloria de este suelo,
del seno de Sevilla
no salgas, no; su transparente cielo
y sus pintadas flores
para ti guardarán luz y colores.

Y el tierno, dulce, armonioso canto
de sus vates dirá la gentileza,
y con ramos de mirto sacrosanto,
con tiernas rosas de sin par belleza,
con acacia luciente,
sus bellas hijas ornarán tu frente.

No partas; los amigos murmurando
conmigo te lo dicen; las pintadas
alondras ensayando
su canto en las vecinas enramadas,
y el tierno jilguerillo,
lo mismo piden con trinar sencillo.

No marches, no; que aquí las purpurinas,
las gualdas, blancas y pintadas flores,
a tus plantas divinas
de alfombra servirán; y sus olores,
del céfiro llevados,
tendrán estos lugares perfumados.»

El sacro Dios, así, que no te ausentes,
te ruega, de sus prados extendidos;
mis cantares dolientes
así también lo pedirán; perdidos
no lleven mis acentos,
sin escucharlos tú, los leves vientos.

No partas; no te ausentes de este suelo
que tu belleza y tu candor admira;
no en mudo desconsuelo
dejes del vate la sonora lira;
evita a la pradera
el triste luto que sin ti la espera.

Pero tú no me oyes, y al lejano
confín donde el vascón tiene su asiento
te marchas, do el insano
ábrego silba con furor violento,
donde la nieve viste
el encumbrado monte, el valle triste.

No allí se escuchan de las tiernas aves,
al despuntar la sonrosada aurora,
los cánticos suaves,
la música bellísima y sonora,
la dulce melodía
con que saludan el fulgor del día.

No, como el nuestro, su extendido cielo
es de un azul tan puro y tan brillante;
las flores de su suelo
no tienen un aroma tan fragante,
ni corren tan sonoras
las cristalinas fuentes bullidoras.

¿Y lo sabes? ¿Y el prado venturoso,
que el Betis baña, con presteza dejas?
¿Y de los que llorosos
te ven partir, las dolorosas quejas
no escuchas, ni el lamento
con que turban tristísimos el viento?...

¡Ah, detente..., detente!... Pero en vano,
en vano es todo ya, porque la hora
sonó, y hacia el lejano
Vascón a partir vas; la última aurora
ya lució que te viera
en su seno la hispálica ribera.

Todo es inútil ya, y en tu nevada
frente la candidez y la nobleza
no veremos pintada;
de tu boca divina, la belleza
tampoco ya veremos,
ni el candor de tu faz admiraremos.

¡Oh, nunca yo te hubiera conocido
si tan pronto debiera de perderte!
¡Oh, nunca hubiera herido
mi corazón tu acento, si tan fuerte
instante me esperaba,
si dolor tan no visto me aguardaba!

¡Adiós!... Tú, cuando partas de estos prados
que en llanto dejas y en dolor sumidos,
sobre tu frente de marfil nevado
las raudas alas batirá el olvido;
pero los que te pierden,
¿habrá un momento que de ti no acuerden?

¡Adiós! Escucha el canto postrimero
que te consagra mi inexperta lira;
acento es verdadero
del entusiasmo que en mi pecho inspira
tu angelical pureza,
tu incomparable y celestial belleza.

Si benigna lo acoges, solamente
te pido que si acaso en algún día
recuerdas el luciente
cielo de la risueña Andalucía;
si acuerdas los colores
de su ribera y sus fragantes flores,

al pasar por tu mente candorosa,
cual mágica visión, sus encantados
vergeles, do la rosa
luce y el lirio de color morado,
las transparentes linfas
del Betis raudo y sus hermosas ninfas,

me mires en la orilla matizada
de claveles y cándidos jazmines,
con cítara dorada,
haciendo que sus mágicos jardines
repitan en tu honor y tu alabanza
los dulces ayes que mi lira lanza.

Y entonces un recuerdo placentero
consagra al que por ti suspira y llora,
al que con verdadero
y triste acento, al par de la canora
música de los tiernos ruiseñores,
cantará junto al Betis tus loores.

(Sevilla, 17 de septiembre de 1852)

V

SONETO

Homero cante a quien su lira Clío
le dio, y con ella inspiración divina,
de Troya malhadada la ruina,
del ciego Aquiles el esfuerzo y brío.

Ensalcen de Alejandro el poderío
ante cuyo valor su frente inclina,
con asombro la sierra que ilumina
el sol desde la Libia al Norte frío.

Que yo del Betis en la orilla, cuando
luce la aurora, y las gallardas flores
se despliegan el aura embalsamando,

cantaré de las selvas los amores,
los suspiros del céfiro imitando
y *el dulce lamentar de los pastores.*

(Sevilla, 1853)

VI

LA PLEGARIA Y LA CORONA

ROMANCE

Como la blanca azucena
que en el solitario valle
al suspiro de la brisa
desplega el cerrado cáliz,
tan pura como son puros
los pensamientos de un ángel,
y más cándida y más bella
que la aurora cuando nace,
en pudor y dulces gracias,
en gentileza y donaire,
crece la hermosa María
hija del conde don Jaime.
Crece; mas no olvida nunca
que antes de morir, su madre
mostróle en llanto bañada
del Redentor una imagen.
Que le mandó que a su lecho
de muerte, se aproximase,
y con ternura le dijo
estas amorosas frases:
«Hija del alma, María,
así los cielos te guarden,

y no permitan que el soplo
funesto de las maldades,
el cristal de tu pureza
con hálito vil empañe;
que me jures por mi nombre
que al declinar de la tarde,
cuando a oración y a silencio
las tristes campanas llamen,
elevarás tu plegaria
del Redentor a la madre;
ella que mi guarda ha sido
también tu inocencia guarde.
Adiós: de la muerte el velo
ya sobre mis ojos cae...
Adiós, hija; adiós, María:
nunca olvides este instante

....

....

Desde entonces cuando cierra
la flor sus hojas brillantes,
y el último canto ensayan,
al bosque huyendo, las aves;
de purpurinos claveles,
de blancas rosas fragantes,
de nacarados jazmines
y de violetas suaves,
entreteje una corona;
y cuando llevan los aires
el eco de la campana

que a oración llamando tañe,
de la Reina de los Cielos
con ella adorna la imagen,
y le dice: «Madre mía,
tomad la ofrenda que os hace
un corazón que os adora;
más que expresarlo no sabe.»

....

....

Al ver los rizos de oro
que sobre su frente caen,
al mirar su gentileza
y sus ojos donde arde
el fuego de la virtud,
fuera equivocarla fácil
con el ángel misterioso
que al expirar de la tarde,
presta su aliento a las flores
ya próximas a plegarse.

Quieran los cielos divinos
que a su promesa no falte;
que cuando al mar de la vida
con sus virtudes se lance,
la plegaria y la corona
que ofrece a la santa imagen,
serán para su inocencia
un escudo impenetrable.

(Sevilla, 17 de marzo de 1854)

VII

AL CÉFIRO

SONETO

Céfiro dulce, que vagando alado
entre las frescas, purpurinas flores,
con blando beso robas sus olores
para extenderlos por el verde prado,

las quejas de mi afán y mi cuidado
lleva a la que, al mirar, mata de amores,
y dile que un alivio a mis dolores
dé y un consuelo al ánimo angustiado.

Pero no vayas, no; que si la vieras
y, tomando sus labios por claveles,
el aroma gustar de ellos quisieras,

cual con las otras flores hacer sueles,
aunque a mi mal el término pusieras,
tendría de tu acción celos crueles.

(Sevilla, hacia 1854)

VIII

ANACREÓNTICA

Toma la lira, toma
la de cuerdas doradas
y dame la que alegres
las flores engalanan,
en la que Anacreonte,
con gresca y algazara,
en tiempo del dios Baco
los néctares cantaba.
Corre, muchacho, corre;
de traérmela acaba,
que ya espero impaciente
la hora de pulsarla;
ve, corre, y presuroso
a Flérida me llama,
la de los ojos negros,
la de la linda cara,
y dile que con ella
se vengan las muchachas
amigas, que tejiendo
con flores mil guirnaldas
en torno de mi frente
las ceñirán ufanas,
al par que me provoquen
con sus ligeras danzas.
También bajo los olmos

que prestan sombra grata,
y donde con sonoras
voces las aves cantan,
ponme, ponme una mesa,
al par cómoda y ancha,
y en ella me colocas
la copa venerada
por todos los amigos
del néctar de las parras,
aquella en que la historia
de Baco está grabada,
sus valerosos hechos,
sus ínclitas hazañas;
aquella que las vides
la tienen enredada,
la que en mejores tiempos
Elpino me donara.
Elpino, el más famoso
de los que en la comarca
grabaron con destreza
las copas delicadas.
Corre, muchacho, corre;
de disponerlo acaba;
que ya espero impaciente
la hora de tomarla,
y cumplir de las Musas
las órdenes sagradas.

(1855)

POEMAS DE TRANSICIÓN

(1855-1856)

I

A QUINTANA. LA CORONA DE ORO

FANTASÍA

El genio de la luz sobre los mares
tiembla, se agita y su esplendor apaga,
en tanto que la noche silenciosa
álzase y tiende las oscuras alas.
El sol desapareció, con él las flores;
dejó el otero la gentil zagala,
y de las aves el cantar sonoro
en las sombrías arboledas calla.
Mas otras flores sus aromas vierten;
otra armonía en el espacio vaga,

melancólico son a cuyo acento
su cárcel rompe y se desprende el alma.
Las flores son que la diadema ciñen
con que la oscura noche se engalana;
son esas aves que al dormido mundo
himnos de muerte en el silencio cantan.
Las verdes olas de la mar suspiran,
acariciando las desiertas playas,
y entre los sauces de las tumbas gimen
con dulce soplo las ligeras auras.
Allá, en el seno de su Dios, la frente
con un blanco cendal de niebla orlada,
duerme la creación a esa armonía
que en los espacios misteriosa vaga.
Cándida virgen, que el pudor sus formas
de un tul de nieve cuidadoso ornara,
así en los brazos de su madre sueña
al son del viento y al rumor del agua.

———

Mas ¿qué rumor dulcísimo, qué célica ar-
[monía
se escucha entre las hojas de la arboleda umbría,
y lo repite acorde el sosegado mar?
No es de sus verdes olas que expiran el lamento;
no es el cantar del ave, ni el suspirar del viento;
es una blanda música, ignota, celestial.
Un ángel, que la bóveda del cielo que llamea

rasgó, y en cuya frente inquieta centellea
una corona vívida de esplendorosa luz:
desciende vagaroso: como la espuma leve
es su ligera túnica; sus alas son de nieve;
las bate y toca rápido del mar sobre el azul.
El aquilón entonces, con la nevada espuma
alzando un remolino, y con la densa bruma
gigante al cielo sube magnífico dosel.
Las cristalinas ondas agítanse brillando;
de luz raudales lanza, los aires inflamando,
la frente del arcángel que se reclina en él.
¿Qué busca, qué, ese espíritu que, de la noche el
[velo
rasgando misterioso, de luz inunda el suelo?
¿A qué desciende al mundo? ¿Quién es? ¿Qué
[busca aquí?
Pero callad; él habla; su furia el mar enfrena,
los vientos enmudecen, su dulce voz resuena,
su voz desconocida, que el eco imita así:

———

«La noche ha tendido su velo de sombras,
el cárabo gime con voz sepulcral;
alzad de las tumbas, poetas, la frente;
alzadla ceñida de lauro inmortal.

Yo soy el arcángel que dio a vuestros cantos
el fuego del alma, del genio el furor. [quilos
Venid; mientras duermen los hombres tran-

que un mundo de sombras evoque mi voz.
De un nuevo poeta, de un genio gigante,
¿no oísteis la lira de oro pulsar?
¿El hondo silencio que reina en las tumbas
la voz de su fama no pudo turbar?
Venid y cantemos; cantemos su gloria;
su frente ciñamos de eterno laurel,
que a par de vosotros su nombre sea grande
que burle del tiempo la saña cruel.»

Dice el Arcángel, y su voz divina
el céfiro conduce entre sus alas
y la lleva a expirar sobre las tumbas
que de los genios las cenizas guardan.
A su rumor las losas se estremecen;
de fosfórica luz ligeras llamas,
brotan de los sepulcros solitarios,
y al esplendor siniestro que derraman,
la sien ceñida de un laurel de oro,
las sombras de los vates se levantan.
Aquel es Osïán; sobre las cumbres
se eleva de Morven, do se mezclaban
en otra edad su voz y los bramidos
del viento y de las roncas cataratas.
El grande Herrera, el que cantó a Lepanto,
y el profundo murmurio de sus aguas,
del Betis en las márgenes floridas,

lleno de gloria y majestad se alza.
En la orilla del Arno, que aún repite
con dulzura los cánticos a Laura,
otra vez melancólico y amante
muestra su frente al inmortal Petrarca.
Y otros cien, que a los hombres admiraron,
abandonan sus tumbas solitarias
y vuelven silenciosos a la tierra
donde aún viven sus versos y su fama.
El Arcángel, de pie sobre su trono,
les tiende una benévola mirada:
va a hablarles; mas su voz interrumpiendo,
así Osïán, enardecido, exclama:

OSÏÁN

Dadme el arpa de oro
que acompañar mis cánticos solía;
el arpa a cuyas notas respondía
el rudo choque del broquel sonoro,
que restallando herido en son de guerra,
hacía, a sus acentos,
gemir el valle y retumbar la sierra.
Dádmela, sí; que sobre la alta roca
que envuelve en torno la nevada bruma,
en donde airado choca
el furioso oleaje
con voz de trueno y con rabiosa espuma,

allí voy a cantar, no las hazañas
del fuerte soberano
de la antigua Morven; no las extrañas
naciones con que el rey del Océano
invadió nuestros lares,
abriéndose camino entre los mares.
No; que ora sólo mi entusiasmo inspira
la grandeza inmortal de un vate íbero,
que a la voz de su lira
hizo temblar el despotismo fiero.
Un vate a cuyas férvidas canciones
se animaron las tímidas legiones,
que, ardiendo en patriotismo,
abrieron un abismo
al monstruo usurpador de cien naciones.
....
....

Yo de la oscura eternidad dormía
el dulce sueño, la cansada frente
reclinando en un sauce que crecía
solitario en la orilla del torrente.
Hondo silencio en derredor reinaba;
silencio que turbaba
el céfiro, las hojas agitando,
o el agua que las peñas
combatía, los bosques atronando.
Los siglos, a la voz omnipotente,
silenciosos huyendo

rodaban hacia el caos, hondamente
sobre la faz del mundo
las huellas de sus plantas imprimiendo.
  Cuando escuché en mi tumba
insólita una voz, como el bramido
del mar al trueno unido,
como la voz del huracán que zumba
azotando las copas resonantes
de los abetos de Cronlá gigantes.
Una voz cuyos tonos imitaban
los cantos que en un tiempo se escuchaban
en las selvas de Escocia, y al que rudo,
terrible, respondía
el choque de la lanza y el escudo.
  Yo levanté la frente,
y desde el alto escollo
torné la vista inquieta al Occidente,
y en la nación hispana
miré, un pueblo aguerrido
que volaba a la lucha, enardecido
al eco de la lira de *Quintana.*
¡Quintana! El vate que elevó su canto
sin temer al coloso,
que a la asombrada Europa estremecía;
el que dio generoso,
desde las altas cumbres de Fuenfría,
en medio del horror y el mudo espanto,
de independencia el grito sacrosanto.
  ¡Oh! Si me diera el Cielo

un solo, un solo instante
de la altísima y ancha catarata
que desde el Inistora se desata,
el eco atronador y resonante;
quizás expresaría
la impresión que en mi alma
hizo su canto enérgico y valiente
Mas ¡ay!, que es impotente
para poderlo hacer el arpa mía.
Vosotros, aquilones, que arrolláis
las nieblas de Morven en blancas olas;
vosotros, anchos mares, que azotáis
las erizadas costas españolas,
ya que mi voz no alcanza,
alzad con vuestro acento sobrehumano
un himno de alabanza
del sublime cantor del suelo hispano.
Calla Osïán; la vagarosa brisa
aún repite a lo lejos sus palabras,
cuando un hijo del Betis de este modo
el entusiasmo expresa de su alma:

HERRERA

Álzase un monstruo, de la Tierra espanto,
en la cuna del sol, resplandeciente,
y el íbero derroca su alta frente
en las sangrientas aguas de Lepanto.

Viene otro siglo; en él, el sacrosanto
impulso del honor lánzase ardiente
y lucha en Trafalgar: eterna fuente,
para el íbero, de dolor y llanto.

Yo, enardecido, la grandeza hispana
canté; tú, su heroismo en la agonía;
mas a tu inspiración, ¡oh gran *Quintana*!,

cedo humilde el laurel de la poesía;
como en el libro de oro de la Historia
Lepanto cede a Trafalgar su gloria.

Dice Herrera, y suave, armonioso,
en las floridas costas de la Italia,
escúchase un laúd, y en dulce canto
así se expresa el inmortal Petrarca:

PETRARCA

Suave como el nombre de la mujer querida,
más grata que es al hombre la aurora de la vida,
celeste cual la virgen que crea la ilusión,
fugaz como el gemido del aura vagarosa,
más dulce que el ruido del agua armoniosa,
oí sonar distante, bellísima canción.

De la tumba a sus acentos
la cabeza levanté,
y las flores que la cubren
aparté.
«¿Quién es —dije— el que su lira
así sabe modular?
¿Es del Cielo algún espíritu
o un mortal?»

Torné la vista inquieta al continente ibero,
y en él vi que un poeta, dejando el casco fiero,
el formidable escudo, la lanza y el bridón;
trocando el arpa de oro en que a la lid llamaba
por un laúd sonoro, dulcísimo entonaba
un himno a la hermosura que roba el corazón.
«¿Quién —exclamé— es el genio cuya lira,
del corazón intérprete sincera,
ora entusiasmo bélico respira
ora paz y dulzura placentera,
e imitando ya el aura que suspira,
ya los bramidos de la trompa fiera,
es el asombro de la musa hispana?»
Y el eco, murmurando,
me respondió fugaz: *Ése es Quintana.*

Dice; abandona el laúd
el toscano vate, y calla;
y tras él, con dulce voz,
otros cien poetas cantan.
....

Mas indecisa en Oriente
comienza a lucir el alba,
y en el cielo las estrellas
a perder su lumbre clara.
El Ángel a los poetas
a su excelso trono llama,
y del laurel que la frente
les ciñe, una hoja arranca.
Con ellas una corona
teje al inmortal *Quintana*,
con suave movimiento
despliega las blancas alas,
y dejando en pos de sí
de luz brillante una ráfaga,
ligero cruza las nubes
que ya tornasola el alba.
Sube, sube, y cuando apenas
los ojos a verlo alcanzan;
cuando se tornan los vates
a sus tumbas funerarias,
así, suave y perdida,
se escucha su voz lejana:

EL ÁNGEL

La pompa, el orgullo,
los goces, las penas,
las horas serenas

que brinda el amor;
del mundo las dichas,
el vano renombre,
los sueños del hombre,
su eterna ambición,
a impulsos del tiempo
al fin se concluyen,
y rápidos huyen
cual humo fugaz.
¿Qué habrá que no pase
cual sombra ilusoria?
Quintana, tu gloria,
tu gloria y no más.
Las torres soberbias
que hieren el viento
y eterno su asiento
juzgara su autor;
las altas columnas,
las fuertes ciudades
que en otras edades
el hombre elevó;
del tiempo al impulso
también se concluyen,
y rápidas huyen
cual humo fugaz.
¿Qué habrá de que quede
por siempre memoria?
Quintana, tu gloria,
tu gloria y no más.

II

ELVIRA

(FRAGMENTOS)

I

El ancho mar undoso
en calma está; la moribunda luna
hiere y argenta las rizadas olas;
escúchase en el bosque doloroso
clamor con que a los cielos importuna,
tristísima y a solas,
la dulce Filomena, entre las flores
su desgracia llorando y sus amores.
  Arcángel del dolor, el negro velo
rasga con que la noche tenebrosa
encubre el hondo mar; el ancho suelo;
el aura vagarosa
suelta en rizos la blonda cabellera,
la túnica ligera,
que tus formas encubre, iluminada
por la llama azulada[1]

1. Este verso falta en *Páginas abandonadas.*

del genio que vacila so tu frente;
so tu frente, que ciñes con sombría.
....

II

Del claro sol, la frente
tras de las cumbres del cercano monte
se ocultaba, los aires encendiendo;
azul y refulgente
brillaba entre la niebla el horizonte,
entre la parda niebla que, envolviendo
trigos y montes, valles y praderas,
los objetos, fantástica, perdía,
en tanto que se oía
de las aves parleras
los cantares dulcísimos sonando
y en los vecinos bosques expirando...
....

III

....

el triste arcángel del dolor inspira;
y su fúnebre acento
una lágrima ardiente
quizás arrancará, y un verde lauro
digan corona a mi abrasada frente;
lauro que, en prenda de tu amor y el mío,
iré a poner sobre tu mármol frío.
  Y entonces...; mas no puedo;
tú, arcángel del dolor, toma la lira;
con acentos más dignos de mi Elvira
prosigue tú este canto
que ahoga en mis labios al acerbo llanto.

RIMAS

(1858-1868)

1

Saeta que voladora
cruza arrojada al azar,
sin adivinarse dónde
temblando se clavará;

hoja que del árbol seca
arrebata el vendaval
sin que nadie acierte el surco
donde a caer volverá;

gigante ola que el viento
riza y empuja en el mar,
y rueda y pasa, y no sabe
qué playa buscando va;

luz que en cercos temblorosos
brilla, próxima a expirar,
ignorándose cuál de ellos
el último brillará;

eso soy yo, que al acaso
cruzo el mundo, sin pensar
de dónde vengo, ni a dónde
mis pasos me llevarán.

2

Espíritu sin nombre,
indefinible esencia,
yo vivo con la vida
sin formas de la idea.

Yo nado en el vacío,
del sol tiemblo en la hoguera,
palpito entre las sombras
y floto con las nieblas.

Yo soy el fleco de oro
de la lejana estrella,
yo soy de la alta luna
la luz tibia y serena.

Yo soy la ardiente nube
que en el ocaso ondea,
yo soy del astro errante
la luminosa estela.

Yo soy nieve en las cumbres
soy fuego en las arenas,
azul onda en los mares,
y espuma en las riberas.

En el laúd soy nota,
perfume en la violeta,
fugaz llama en las tumbas,
y en las ruinas hiedra.

Yo atrueno en el torrente,
y silbo en la centella,
y ciego en el relámpago,
y rujo en la tormenta.

Yo río en los alcores,
susurro en la alta yerba,
suspiro en la onda pura,
y lloro en la hoja seca.

Yo ondulo con los átomos
del humo que se eleva,
y al cielo lento sube
en espiral inmensa.

Yo, en los dorados hilos
que los insectos cuelgan,
me mezco entre los árboles
en la ardorosa siesta.

Yo corro tras las ninfas
que en la corriente fresca
del cristalino arroyo
desnudas juguetean.

Yo, en bosques de corales
que alfombran blancas perlas,
persigo en el océano
las náyades ligeras.

Yo, en las cavernas cóncavas
do el sol nunca penetra,
mezclándome a los gnomos
contemplo sus riquezas.

Yo busco de los siglos
las ya borradas huellas,
y sé de esos imperios
de que ni el nombre queda.

Yo sigo en raudo vértigo
los mundos que voltean,
y mi pupila abarca
la creación entera.

Yo sé de esas regiones
y do un rumor no llega,
y donde informes astros
de vida un soplo esperan.

Yo soy sobre el abismo
el puente que atraviesa,
yo soy la ignota escala
que el Cielo une a la Tierra.

Yo soy el invisible
anillo que sujeta
el mundo de la forma
al mundo de la idea.

Yo, en fin, soy ese espíritu,
desconocida esencia,
perfume misterioso,
de que es vaso el poeta.

3

Cuando miro el azul horizonte
perderse a lo lejos
al través de una gasa de polvo

dorado e inquieto,
me parece posible arrancarme
del mísero suelo,
y flotar con la niebla dorada
en átomos leves
cual ella deshecho.

Cuando miro de noche, en el fondo
oscuro del cielo,
las estrellas temblar, como ardientes
pupilas de fuego,
me parece posible a do brillan
subir en un vuelo,
y anegarme en su luz y con ellas
en lumbre encendido
fundirme en un beso.

En el mar de la duda en que bogo
ni aún sé lo que creo;
¡sin embargo, estas ansias me dicen
que yo llevo algo
divino aquí dentro!...

4

Sacudimiento extraño
que agita las ideas,
como huracán que empuja
las olas en tropel;

murmullo que en el alma
se eleva y va creciendo,
como volcán que sordo
anuncia que va a arder;

deformes siluetas
de seres imposibles;
paisajes que aparecen
como a través de un tul;

colores que fundiéndose
remedan en el aire
los átomos del Iris
que nadan en la luz;

ideas sin palabras,
palabras sin sentido;
cadencias que no tienen
ni ritmo ni compás;

memorias y deseos
de cosas que no existen;

accesos de alegría;
impulsos de llorar;

actividad nerviosa
que no halla en qué emplearse,
sin rienda que lo guíe
caballo volador;

locura que el espíritu
exalta y enarcede;
embriaguez divina
del genio creador...

¡Tal es la inspiración!

Gigante voz que el caos
ordena en el cerebro,
y entre las sombras hace
la luz aparecer;

brillante rienda de oro
que poderosa enfrena
de la exaltada mente
el volador corcel;

hilo de luz que en haces
los pensamientos ata;

sol que las nubes rompe
y toca en el cenit;

inteligente mano
que en un collar de perlas
consigue las indóciles
palabras reunir;

armonioso ritmo
que con cadencia y número
las fugitivas notas
encierra en el compás;

cincel que el bloque muerde
la estatua modelando,
y la belleza plástica
añade a la ideal;

atmósfera en que giran
con orden las ideas,
cual átomos que agrupa
recóndita atracción;

raudal en cuyas ondas
su sed la fiebre apaga;
oasis que al espíritu
devuelve su vigor...

¡Tal es nuestra razón!

Con ambas siempre lucha,
y de ambas vencedor
tan sólo el genio puede
a un yugo atar las dos.

5

Del salón en el ángulo oscuro,
de su dueño tal vez olvidada,
silenciosa y cubierta de polvo,
veíase el arpa.

¡Cuánta nota dormía en sus cuerdas,
como el pájaro duerme en las ramas,
esperando la mano de nieve
que sabe arrancarlas!

—¡Ay! —pensé—. ¡Cuántas veces el genio
así duerme en el fondo del alma,
y una voz, como Lázaro, espera
que le diga: «¡Levántate y anda!»

6

Yo sé un himno gigante y extraño
que anuncia en la noche del alma una aurora,
y estas páginas son de este himno
cadencias que el aire dilata en las sombras.

Yo quisiera escribirle, del hombre
domando el rebelde, mezquino idioma,
con palabras que fuesen a un tiempo
suspiros y risas, colores y notas.

Pero en vano es luchar; que no hay cifra
capaz de encerrarlo, y apenas, ¡oh hermosa!,
si, teniendo en mis manos las tuyas,
pudiera, al oído, cantártelo a solas.

7

No digáis que agotado su tesoro,
de asuntos falta, enmudeció la lira.
Podrá no haber poetas; pero siempre
habrá poesía.

Mientras las ondas de la luz al beso
palpiten encendidas,
mientras el sol las desgarradas nubes
de fuego y oro vista,
mientras el aire en su regazo lleve
perfumes y armonías,
mientras haya en el mundo primavera,
¡habrá poesía!

Mientras la ciencia a descubrir no alcance
las fuentes de la vida,
y en el mar o en el cielo haya un abismo
que al cálculo resista;
mientras la humanidad, siempre avan-
no sepa a do camina; [zando,
mientras haya un misterio para el hombre,
¡habrá poesía!

Mientras sintamos que se alegra el alma,
sin que los labios rían,
mientras se llore sin que el llanto acuda
a nublar la pupila,
mientras el corazón y la cabeza
batallando prosigan;
mientras haya esperanzas y recuerdos,
¡habrá poesía!

Mientras haya unos ojos que reflejen
los ojos que los miran;

mientras responda el labio suspirando
al labio que suspira;
mientras sentirse puedan en un beso
dos almas confundidas;
mientras exista una mujer hermosa,
¡habrá poesía!

8

—Yo soy ardiente, yo soy morena,
yo soy el símbolo de la pasión;
de ansia de goces mi alma está llena.
¿A mí me buscas? —No es a ti; no.

—Mi frente es pálida, mis trenzas de oro;
puedo brindarte dichas sin fin;
yo de ternura guardo un tesoro.
¿A mí me llamas? —No; no es a ti.

—Yo soy un sueño, un imposible,
vano fantasma de niebla y luz;
soy incorpórea, soy intangible;
no puedo amarte. —¡Oh, ven; ven tú!

9

Los invisibles átomos del aire
en derredor palpitan y se inflaman;
el cielo se deshace en rayos de oro;
la tierra se estremece alborozada.

Oigo flotando en olas de armonía
rumor de besos y batir de alas;
mis párpados se cierran... ¿Qué sucede?
¡Es el amor que pasa!

10

Besa el aura que gime blandamente
las leves ondas que jugando riza;
el sol besa a la nube en Occidente,
y de púrpura y oro la matiza;

la llama en derredor del tronco ardiente
por besar a otra llama se desliza,
y hasta el sauce inclinándose a su peso,
al río que le besa, vuelve un beso.

11

Te vi un punto, y flotando ante mis ojos
la imagen de tus ojos se quedó,
como la mancha oscura, orlada en fuego,
que flota y ciega si se mira al sol.

Adonde quiera que la vista fijo
torno a ver tus pupilas llamear;
mas no te encuentro a ti, que es tu mirada:
unos ojos, los tuyos, nada más.

De mi alcoba en el ángulo los miro
desasidos fantásticos lucir;
cuando duermo los siento que se ciernen
de par en par abiertos sobre mí.

Yo sé que hay fuegos fatuos, que en la
llevan al caminante a perecer; [noche
yo me siento arrastrado por tus ojos;
pero a donde me arrastran, no lo sé.

12

Tu pupila es azul, y cuando ríes,
su claridad suave me recuerda
el trémulo fulgor de la mañana
que en el mar se refleja.

Tu pupila es azul, y cuando lloras,
las transparentes lágrimas en ella
se me figuran gotas de rocío
sobre una violeta.

Tu pupila es azul, y si en su fondo
como un punto de luz radia una idea,
me parece en el cielo de la tarde
¡una perdida estrella!

13

Cendal flotante de leve bruma,
rizada cinta de blanca espuma,
rumor sonoro
de arpa de oro
beso del aura, onda de luz,
eso eres tú.

Tú, sombra aérea, que cuantas veces
voy a tocarte te desvaneces
como la llama, como el sonido,
como la niebla, como el gemido
del lago azul.

En mar sin playas onda sonante;
en el vacío cometa errante;
largo lamento
del ronco viento,
ansia perpetua de algo mejor,
eso soy yo.

¡Yo, que a tus ojos, en mi agonía,
los ojos vuelvo de noche y día;
yo, que incansable corro demente
tras una sombra, tras la hija ardiente
de una ilusión!

14

Pasaba arrolladora en su hermosura,
y el paso le dejé;

ni aun a mirarla me volví, y, no obstante,
algo a mi oído murmuró: «*Ésa es.*»

¿Quién reunió la tarde a la mañana?
Lo ignoro: sólo sé

que en una breve noche de verano
se unieron los crepúsculos y... *fue.*

15

SERENATA

Si al mecer las azules campanillas
de tu balcón
crees que suspirando pasa el viento
murmurador,
sabe que, oculto entre las verdes hojas,
suspiro yo.

Si al resonar confuso a tus espaldas
vago rumor,
crees que por tu nombre te ha llamado
lejana voz,
sabe que, entre las sombras que te cercan,
te llamo yo.

Si te turba medroso en la alta noche
tu corazón
al sentir en tus labios un aliento
abrasador,
sabe que, aunque invisible, al lado tuyo
respiro yo.

16

Hoy la tierra y los cielos me sonríen;
hoy llega al fondo de mi alma el sol;
hoy la he visto..., la he visto y me ha mirado...
¡Hoy creo en Dios!

17

Fatigada del baile,
encendido el color, breve el aliento,
apoyada en mi brazo,
del salón se detuvo en un extremo.

Entre la leve gasa
que levantaba el palpitante seno,
una flor se mecía
en compasado y dulce movimiento.

Como en cuna de nácar
que empuja el mar y que acaricia el céfiro,
tal vez allí dormía
al soplo de sus labios entreabiertos.

¡Oh, quién así —pensaba—
dejar pudiera deslizarse al tiempo!
¡Oh, si las flores duermen,
qué dulcísimo sueño!

18

— ¿Cómo vive esa rosa que has prendido
junto a tu corazón?
Nunca hasta ahora contemplé en la tierra
sobre el volcán la flor.

19

Cuando sobre el pecho inclinas
la melancólica frente,
una azucena tronchada
me pareces.

Porque al darte la pureza,
de que es símbolo celeste,
como a ella te hizo Dios
de oro y nieve.

20

«¿Qué es poesía?», dices mientras clavas
en mi pupila tu pupila azul.
«¿Qué es poesía? ¿Y tú me lo preguntas?
Poesía... eres tú.»

21

Por una mirada un mundo;
por una sonrisa, un cielo;
por un beso..., ¡yo no sé
qué te diera por un beso!

22

Sabe, si alguna vez tus labios rojos
quema invisible atmósfera abrasada,
que el alma que hablar puede con los ojos
también puede besar con la mirada.

23

Dos rojas lenguas de fuego
que a un mismo tronco enlazadas,
se aproximan, y al besarse
forman una sola llama;

dos notas que del laúd
a un tiempo la mano arranca,
y en el espacio se encuentran
y armoniosas se abrazan;

dos olas que vienen juntas
a morir sobre una playa,
y que al romper se coronan
con un penacho de plata;

dos jirones de vapor
que del lago se levantan,
y al juntarse allí en el cielo
forman una nube blanca;

dos ideas que al par brotan,
dos besos que a un tiempo estallan,
dos ecos que se confunden...,
eso son nuestras dos almas.

24

Cuando en la noche te envuelven
las alas de tul del sueño,
y tus tendidas pestañas

semejan arcos de ébano,
por escuchar los latidos
de tu corazón inquieto
y reclinar tu dormida
cabeza sobre mi pecho,
    diera, alma mía,
    cuanto poseo:
    ¡La luz, el aire
    y el pensamiento!

Cuando se clavan tus ojos
en un invisible objeto,
y tus labios ilumina
de una sonrisa el reflejo,
por leer sobre tu frente
el callado pensamiento
que pasa como la nube
del mar sobre el ancho espejo,
    diera, alma mía,
    cuanto deseo:
    ¡La fama, el oro,
    la gloria, el genio!

Cuando enmudece tu lengua,
y se apresura tu aliento,
y tus mejillas se encienden,
y entornas tus ojos negros,
por ver entre tus pestañas
brillar con húmedo fuego

la ardiente chispa que brota
del volcán de los deseos,
diera, alma mía,
por cuanto espero,
¡la fe, el espíritu,
la Tierra, el Cielo!

25

¡DUERME!

Despierta, tiemblo al mirarte;
dormida, me atrevo a verte;
por eso, alma de mi alma,
yo velo mientras tú duermes.

Despierta ríes, y al reír, tus labios
inquietos me parecen
relámpagos de grana que serpean
sobre un cielo de nieve.

Dormida, los extremos de tu boca
pliega sonrisa leve,
suave como el rastro luminoso

que deja un sol que muere...
¡Duerme!

Despierta miras, y al mirar, tus ojos
húmedos resplandecen
como la onda azul, en cuya cresta
chispeando el sol hiere.

Al través de tus párpados, dormida,
tranquilo fulgor viertes,
cual derrama de luz templado rayo
lámpara transparente...
¡Duerme!

Despierta hablas, y al hablar, vibrantes
tus palabras parecen
lluvia de perlas que en dorada copa
se derrama a torrentes.

Dormida, en el murmullo de tu aliento
acompasado y tenue
escucho yo un poema que mi alma
enamorada entiende...
¡Duerme!

Sobre el corazón la mano
he puesto porque no suene
su latido, y de la noche
turbe la calma solemne.

De tu balcón las persianas
cerré ya, porque no entre
el resplandor enojoso
de la aurora, y te despierte...
¡Duerme!

26

Cuando entre la sombra oscura
perdida una voz murmura
turbando su triste calma,
si en el fondo de mi alma
la oigo dulce resonar,
dime: ¿es que el viento en sus giros
se queja, o que tus suspiros
me hablan de amor al pasar?

Cuando el sol en mi ventana
rojo brilla a la mañana,
y mi amor tu sombra evoca,
si en mi boca de otra boca
sentir creo la impresión,
dime: ¿es que ciego deliro
o que un beso en un suspiro
me envía tu corazón?

Si en el luminoso día
y en la alta noche sombría,
si en todo cuanto rodea
te creo sentir y ver,
dime: ¿es que toco y respiro
soñando, o que en un suspiro
me das tu aliento a beber?

27

Sobre la falda tenía
el libro abierto;
en mi mejilla tocaban
sus rizos negros;
no veíamos las letras
ninguno, creo;
mas guardábamos entrambos
hondo silencio.

¿Cuánto duró? Ni aun entonces
pude saberlo;
sólo sé que no se oía
más que el aliento,
que apresurado escapaba
del labio seco.

Sólo sé que nos volvimos
los dos a un tiempo,
y nuestros ojos se hallaron,
y sonó un beso.

....

....

Creación de Dante era el libro,
era su *Infierno.*
Cuando a él bajamos los ojos,
yo dije trémulo:
«¿Comprendes ya que un poema
cabe en un verso?»
Y ella respondió encendida:
—¡Ya lo comprendo!

28

Voy contra mi interés al confesarlo;
no obstante, amada mía,
pienso, cual tú, que una oda sólo es buena
de un billete del Banco al dorso escrita.

No faltará algún necio que al oírlo
se haga cruces y diga:
—Mujer, al fin, del siglo diecinueve,
material y prosaica... ¡Boberías!

¡Voces que hacen correr cuatro poetas
que en invierno se embozan con la lira!
¡Ladridos de los perros a la Luna!
Tú sabes y yo sé que en esta vida,
con genio, es muy contado quien la *escribe*:
y con oro, cualquiera *hace* poesía.

29

¿A qué me lo decís? Lo sé: es mudable,
es altanera y vana y caprichosa;
antes que el sentimiento de su alma,
brotará el agua de la estéril roca.

Sé que en su corazón, nido de sierpes,
no hay una fibra que al amor responda:
que es una estatua inanimada..., pero...
¡es tan hermosa!

30

Dices que tienes corazón y sólo
lo dices porque sientes sus latidos.

Eso no es corazón...; es una máquina
que al compás que se mueve hace ruido.

31

En la clave del arco mal seguro,
cuyas piedras el tiempo enrojeció,
obra del cincel rudo, campeaba
el gótico blasón.

Penacho de su yelmo de granito,
la hiedra que colgaba en derredor
daba sombra al escudo en que una mano
tenía un corazón.

A contemplarlo en la desierta plaza
nos paramos los dos;
y «éste —me dijo— es el cabal emblema
de mi constante amor».

¡Ay!, es verdad lo que me dijo entonces:
verdad que el corazón
lo llevará en la mano..., en cualquier parte,
pero en el pecho no.

32

Cruza callada, y son sus movimientos
silenciosa armonía;
suenan sus pasos, y al sonar, recuerdan
del himno alado la cadencia rítmica.

Los ojos entreabre, aquellos ojos
tan claros como el día;
y la Tierra y el Cielo, cuanto abarcan,
arden con nueva luz en sus pupilas.

Ríe, y su carcajada tiene notas
del agua fugitiva;
llora, y es cada lágrima un poema
de ternura infinita.

Ella tiene la luz, tiene el perfume,
el calor y la línea;
la forma engendradora de deseos,
la expresión, fuente eterna de poesía.

¿Qué es estúpida?... ¡Bah! Mientras ca-
guarde oscuro el enigma, [llando
siempre valdrá, a mi ver, lo que ella calla
más que lo que cualquiera otra me diga.

33

Su mano entre mis manos,
sus ojos en mis ojos,
la amorosa cabeza
apoyada en mi hombro.
¡Dios sabe cuántas veces,
con paso perezoso,
hemos vagado juntos,
bajo los altos olmos
que de su casa prestan
misterio y sombra al pórtico!

Y ayer..., un año apenas
pasado como un soplo,
con qué exquisita gracia,
con qué admirable aplomo,
me dijo al presentarnos
un amigo oficioso:
«Creo que en alguna parte
he visto a usted.» ¡Ah!, bobos,
que sois de los salones
comadres de buen tono,
y andáis por allí a caza
de galantes embrollos.
¡Qué historia habéis perdido!
¡Qué manjar tan sabroso
para ser devorado

sotto voce en un corro,
detrás del abanico
de plumas y de oro!

....

....

Discreta y casta Luna,
copudos y altos olmos,
paredes de su casa,
umbrales de su pórtico,
no salga de vosotros.
Callad, que por mi parte
lo he olvidado todo;
y ella..., ella, ¡no hay máscara
semejante a su rostro!

34

¿Quieres que de este néctar delicioso
no te amargue la hez?
Pues aspíralo, acércalo a tus labios
y déjalo después.

¿Quieres que conservemos una dulce
memoria de este amor?
Pues amémonos hoy, mucho, y mañana
digámonos ¡adiós!

35

Los suspiros son aire y van al aire.
Las lágrimas son agua y van al mar.
Dime, mujer: cuando el amor se olvida,
¿sabes tú adónde va?

36

¡No me admiró tu olvido! Aunque de un día
me admiró tu cariño mucho más;
porque lo que hay en mí que vale algo,
eso... ¡ni lo pudiste sospechar!

37

Si de nuestros agravios en un libro
se escribiese la historia,
y se borrase en nuestras almas cuanto
se borrase en sus hojas...

¡Te quiero tanto aún, dejó en mi pecho
tu amor huellas tan hondas,
que sólo con que tú borrases una,
las borraba yo todas!

38

Como se arranca el hierro de una herida,
su amor de las entrañas me arranqué,
aunque sentí al hacerlo que la vida
me arrancaba con él.

Del altar que le alcé en el alma mía
la voluntad su imagen arrojó
y la luz de la fe que en ella ardía
ante el ara desierta se apagó.

Aún para combatir mi firme empeño
viene a mi mente su visión tenaz...
¡Cuándo podré dormir con ese sueño
en que acaba el soñar!

39

Tú eras el huracán, y yo la alta
torre que desafía su poder:
¡Tenías que estrellarte o abatirme!...
¡No pudo ser!

Tú eras el océano y yo la enhiesta
roca que firme aguarda su vaivén:
¡Tenías que romperte o que arrancarme!...
¡No pudo ser!

Hermosa tú, yo altivo; acostumbrados
uno a arrollar, el otro a no ceder;
la senda estrecha, inevitable el choque...
¡No pudo ser!

40

Asomaba a sus ojos una lágrima
y a mi labio una frase de perdón;
habló el orgullo y enjugó su llanto,
y la frase en mis labios expiró.

Yo voy por un camino, ella por otro;
pero al pensar en nuestro mutuo amor,
yo digo aún: «¿Por qué callé aquel día?»
Y ella dirá: «¿Por qué no lloré yo?»

41

Es cuestión de palabras, y, no obstante,
ni tú ni yo jamás,
después de lo pasado, convendremos
en quién la culpa está.

¡Lástima que el amor un diccionario
no tenga donde hallar
cuándo el orgullo es simplemente orgullo
y cuándo es dignidad!

42

Alguna vez la encuentro por el mundo
y pasa junto a mí;

y pasa sonriéndose, y yo digo:
«¿Cómo puede reír?»

Luego asoma a mi labio otra sonrisa,
máscara de dolor,
y entonces pienso: «¡Acaso ella se ríe
como me río yo!»

43

De lo poco de vida que me resta,
diera con gusto los mejores años
por saber lo que a otros
de mí has hablado.

Y esta vida mortal, y de la eterna
lo que me toque, si me toca algo,
por saber lo que a solas
de mí has pensado.

44

Antes que tú me moriré; escondido
en las entrañas ya
el hierro llevo con que abrió tu mano
la ancha herida mortal.

Antes que tú me moriré, y mi espíritu,
en su empeño tenaz,
sentándose a las puertas de la muerte,
allí te esperará.

Con las horas los días, con los días
los años volarán,
y a aquella puerta llamarás al cabo...
¿Quién deja de llamar?

Entonces que tu culpa y tus despojos
la tierra guardará,
lavándote en las ondas de la muerte
como en otro Jordán;

allí donde el murmullo de la vida
temblando a morir va,
como la ola que a la playa viene
silenciosa a expirar;

allí donde el sepulcro que se cierra
abre una eternidad...

¡Todo cuanto los dos hemos callado
lo tenemos que hablar!

45

Como en un libro abierto
leo de tus pupilas en el fondo;
¿a qué fingir el labio
risas que se desmienten con los ojos?

¡Llora! No te avergüences
de confesar que me quisiste un poco.
¡Llora! Nadie nos mira.
Ya ves; yo soy un hombre..., ¡y también
[lloro!

46

Cuando volvemos las fugaces horas
del pasado a evocar,
temblando brilla en sus pestañas negras
una lágrima pronta a resbalar.

Y al fin resbala, y cae como una gota
de rocío, al pensar
que, cual hoy por ayer, por hoy mañana,
volveremos los dos a suspirar.

47

Entre el discorde estruendo de la orgía
acarició mi oído,
como nota de música lejana,
el eco de un suspiro.

El eco de un suspiro que conozco,
formado de un aliento que he bebido,
perfume de una flor que oculta crece
en un claustro sombrío.

Mi adorada de un día, cariñosa,
«¿En qué piensas?», me dijo.
«En nada...» «¿En nada y lloras?» «Es que [tengo
alegre la tristeza y triste el vino.»

48

AMOR ETERNO

Podrá nublarse el Sol eternamente;
podrá secarse en un instante el mar;
podrá romperse el eje de la Tierra
como un débil cristal.

¡Todo sucederá! Podrá la muerte
cubrirme con su fúnebre crespón;
pero jamás en mí podrá apagarse
la llama de tu amor.

49

ES UN SUEÑO LA VIDA

Es un sueño la vida,
pero un sueño febril que dura un punto;
cuando de él se despierta,
se ve que todo es vanidad y humo...

¡Ojalá fuera un sueño
muy largo y muy profundo;
un sueño que durara hasta la muerte!...
Yo soñaría con mi amor y el tuyo.

50

Volverán las oscuras golondrinas
en tu balcón sus nidos a colgar,
y otra vez con el ala a sus cristales,
jugando llamarán;

pero aquellas que el vuelo refrenaban
tu hermosura y mi dicha al contemplar;
aquellas que aprendieron nuestros nombres,
ésas... ¡no volverán!

Volverán las tupidas madreselvas
de tu jardín las tapias a escalar,
y otra vez a la tarde, aún más hermosas,
sus flores abrirán;

pero aquellas cuajadas de rocío,
cuyas gotas mirábamos temblar
y caer, como lágrimas del día...,
ésas... ¡no volverán!

Volverán del amor en tus oídos
las palabras ardientes a sonar;
tu corazón, de su profundo sueño
tal vez despertará;

pero mudo y absorto y de rodillas
como se adora a Dios ante su altar,
como yo te he querido..., desengáñate,
¡así no te querrán!

51

¿De dónde vengo?... El más horrible y áspero
de los senderos busca.
Las huellas de unos pies ensangrentados
sobre la roca dura;
los despojos de un alma hecha jirones
en las zarzas agudas,
te dirán el camino
que conduce a mi cuna.

¿Adónde voy? El más sombrío y triste
de los páramos cruza:
valle de eternas nieves y de eternas
melancólicas brumas.

En donde esté una piedra solitaria
sin inscripción alguna,
donde habite el olvido,
allí estará mi tumba.

52

Llegó la noche, y no encontré un asilo,
¡y tuve sed!... Mis lágrimas bebí.
¡Y tuve hambre!... ¡Los hinchados ojos
cerré para morir!
¡Estaba en un desierto! Aunque a mi oído
de las turbas llegaba el ronco hervir,
yo era huérfano y pobre... ¡El mundo estaba
desierto para mí!

53

Mi vida es un erial:
flor que toco se deshoja;
que en mi camino fatal
alguien va sembrando el mal
para que yo lo recoja.

54

Al brillar de un relámpago nacemos
y aún dura su fulgor cuando morimos,
¡Tan corto es el vivir!
La gloria y el amor tras que corremos,
sombras de un sueño son que perseguimos.
¡Despertar es morir!

55

Primero es un albor trémulo y vago
raya de inquieta luz que corta el mar;
luego chispea y crece y se dilata
en ardiente explosión de claridad.

La brilladora luz es la alegría;
la tenebrosa sombra es el pesar:
¡Ay!, en la oscura noche de mi alma,
¿cuándo amanecerá?

56

A CASTA

Tu aliento es el aliento de las flores
tu voz es de los cisnes la armonía;
es tu mirada el esplendor del día
y el color de la rosa es tu color.

Tú prestas nueva vida y esperanza
a un corazón para el amor ya muerto;
tú creces de mi vida en el desierto
como crece en un páramo la flor.

57

Cuando me lo contaron sentí el frío
de una hoja de acero en las entrañas;
me apoyé contra el muro, y un instante
la conciencia perdí de donde estaba.

Cayó sobre mi espíritu la noche;
en ira y en piedad se anegó el alma...

¡Y entonces comprendí por qué se llora!
¡Y entonces comprendí por qué se mata!

Pasó la nube de dolor..., con pena
logré balbucear breves palabras...
¿Quién me dio la noticia?... Un fiel amigo...
¡Me hacía un gran favor!... Le di las gracias.

58

Dejé la luz a un lado, y en el borde
de la revuelta cama me senté,
mudo, sombrío, la pupila inmóvil,
clavada en la pared.

¿Qué tiempo estuve así? No sé; al dejarme
la embriaguez horrible del dolor,
expiraba la luz y en mis balcones
reía el sol.

Ni sé tampoco en tan horribles horas
en qué pensaba o qué pasó por mí;
sólo recuerdo que lloré y maldije,
y que en aquella noche envejecí.

59

Me ha querido recatándose en las sombras,
sellando con un beso su traición.
Los brazos me echó al cuello, y por la espalda
partióme a sangre fría el corazón.

Y ella prosigue alegre su camino,
feliz, risueña, impávida; ¿y por qué?
Porque no brota sangre de la herida...
¡Porque el muerto está en pie!

60

Lo que el salvaje que con torpe mano
hace de un tronco a su capricho un dios,
y luego ante su obra se arrodilla,
eso hicimos tú y yo.

Dimos formas reales a un fantasma,
de la mente ridícula invención,
y hecho el ídolo ya, sacrificamos
en su altar nuestro amor.

61

Nuestra pasión fue un trágico sainete,
en cuya absurda fábula
lo cómico y lo grave confundidos
risas y llanto arrancan.

Pero fue lo peor de aquella historia,
que, al fin de la jornada,
a ella tocaron lágrimas y risas,
¡y a mí sólo las lágrimas!

62

Yo me he asomado a las profundas simas
de la Tierra y del Cielo,
y les he visto el fin, o con los ojos
o con el pensamiento.

Mas, ¡ay!, de un corazón llegué al abismo
y me incliné por verlo,
y mi alma y mis ojos se turbaron:
¡tan hondo era y tan negro!

63

Olas gigantes que os rompéis bramando
en las playas desiertas y remotas;
envuelto entre las sábanas de espuma,
¡llevadme con vosotras!

Ráfagas de huracán que arrebatáis
del alto bosque las marchitas hojas;
arrastrando en el ciego torbellino,
¡llevadme con vosotras!

Nubes de tempestad que rompe el rayo
y en fuego ornáis las desprendidas orlas;
arrebatado entre la niebla oscura,
¡llevadme con vosotras!

Llevadme, por piedad, a donde el vértigo
con la razón me arranque la memoria...
¡Por piedad!... ¡Tengo miedo de quedarme
con mi dolor a solas!

64

Como guarda el avaro su tesoro,
guardaba mi dolor;
yo quería probar que hay algo eterno
a la que eterno me juró su amor.

Mas hoy le llamo en vano, y oigo al tiempo
que le agotó, decir:
«¡Ah, barro miserable, eternamente
no podrás ni aun sufrir!»

65

Como enjambre de abejas irritadas,
de un oscuro rincón de la memoria
salen a perseguirme los recuerdos
de las pasadas horas.

Yo los quiero ahuyentar. ¡Esfuerzo inútil!
Me rodean, me acosan,
y unos tras otros a clavarme vienen
el agudo aguijón que el alma encona.

Una mujer me ha envenenado el alma;
otra mujer me ha envenenado el cuerpo;
ninguna de las dos vino a buscarme;
yo, de ninguna de las dos me quejo.

Como el mundo es redondo, el mundo rueda.
Si mañana, rodando, este veneno
envenena a su vez, ¿por qué acusarme?
¿Puedo dar más de lo que a mí me dieron?

OTRAS RIMAS Y OTROS POEMAS

(1858-1870)

1

Porque son, niña, tus ojos
verdes como el mar te quejas:
verdes los tienen las náyades,
verdes los tuvo Minerva,
y verdes son las pupilas
de las hurís del profeta.

El verde es gala y ornato
del bosque en la primavera.
Entre sus siete colores
brillante el iris lo ostenta.

Las esmeraldas son verdes,
verde el color del que espera,
y las ondas del océano,
y el laurel de los poetas.

Es tu mejilla temprana
rosa de escarcha cubierta,
en que el carmín de los pétalos
se ve al través de las perlas.

Y, sin embargo,
sé que te quejas
porque tus ojos
crees que la afean.
Pues no lo creas;

que parecen tus pupilas,
húmedas, verdes e inquietas,
tempranas hojas de almendro,
que al soplo del aire tiemblan.

Es tu boca de rubíes
purpúrea granada abierta,
que en el estío convida
a apagar la sed en ella.

Y, sin embargo,
sé que te quejas
porque tus ojos
crees que la afean.
Pues no lo creas;

que parecen, si enojada
tus pupilas centellean,

las olas del mar que rompen
en las cantábricas peñas.

Es tu frente, que corona
crespo el oro en ancha trenza,
nevada cumbre en que el día
su postrera luz refleja.

Y, sin embargo,
sé que te quejas
porque tus ojos
crees que la afean.
Pues no lo creas;

que entre las rubias pestañas,
junto a las sienes, semejan
broches de esmeralda y oro
que un blanco armiño sujetan.

Porque son, niña, tus ojos
verdes como el mar te quejas;
quizá, si negros o azules
se tornasen, lo sintieras.

2

LA GOTA DE ROCÍO

La gota de rocío que en el cáliz
duerme de la blanquísima azucena
es el palacio de cristal en donde
vive el genio feliz de la pureza.

Él le da su misterio y poesía,
él su aroma balsámico le presta;
¡ay de la flor, si de la luz al beso
se evapora esa perla!

3

¡Cuántas veces, al pie de las musgosas
paredes que la guardan,
oí la esquila que al mediar la noche
a los maitines llama!

¡Cuántas veces trazó mi triste sombra
la luna plateada,

junto a la del ciprés que de su huerto
se asoma por las tapias!

Cuando en sombras la iglesia se envolvía
de su ojiva calada,
¡cuántas veces temblar sobre los vidrios
vi el fulgor de la lámpara!

Aunque el viento en los ángulos oscuros
de la torre silbara,
del coro entre las voces percibía
su voz vibrante y clara.

En las noches de invierno, si un medroso
por la desierta plaza
se atrevía a cruzar, al divisarme
el paso aceleraba.

Y no faltó una vieja que en el torno
dijese a la mañana,
que de algún sacristán muerto en pecado
acaso era yo el alma.

A oscuras conocía los rincones
del atrio y la portada;
de mis pies las ortigas que allí crecen
las huellas tal vez guardan.

Los búhos que espantados me seguían
con sus ojos de llamas,
llegaron a mirarme con el tiempo
como a un buen camarada.

A mi lado sin miedo los reptiles
se movían a rastras,
¡Hasta los mudos santos de granito
vi que me saludaban!

4

Las ropas desceñidas,
desnudas las espaldas,
en el dintel de oro de la puerta,
dos ángeles velaban.

Me aproximé a los hierros
que defienden la entrada,
y de las dobles rejas en el fondo
la vi confusa y blanca.

La vi como la imagen
que en leve ensueño pasa,
como rayo de luz tenue y difuso
que entre tinieblas nada.

Me sentí de un ardiente
deseo llena el alma;
como atrae un abismo, aquel misterio
hacia sí me arrastraba.

Mas, ¡ay!, que de los ángeles
parecían decirme las miradas:
«¡El umbral de esta puerta
sólo Dios lo traspasa!»

5

En la imponente nave
del templo bizantino,
vi la gótica tumba, a la indecisa
luz que temblaba en los pintados vidrios.

Las manos sobre el pecho,
y en las manos un libro,
una mujer hermosa reposaba
sobre la urna, del cincel prodigio.

Del cuerpo abandonado
al dulce peso hundido,
cual si de blanda pluma y raso fuera,
se plegaba su lecho de granito.

De la postrer sonrisa
el resplandor divino
guardaba el rostro, como el cielo guarda,
del sol que muere, el rayo fugitivo.

Del cabezal de piedra
sentados en el filo
dos ángeles, el dedo sobre el labio,
imponían silencio en el recinto.

No parecía muerta;
de los arcos macizos
parecía dormir en la penumbra,
y que en sueños veía el paraíso.

Me acerqué de la nave
al ángulo sombrío,
como quien llega con callada planta
junto a la cuna donde duerme un niño.

La contemplé un momento
y aquel resplandor tibio,
aquel lecho de piedras que ofrecía,
próximo al muro, otro lugar vacío,

en el alma avivaron
la sed de lo infinito,
el ansia de esa vida de la muerte,
para la que un instante son los siglos...
....

Cansado del combate
en que luchando vivo,
alguna vez recuerdo con envidia
aquel rincón oscuro y escondido.

De aquella muda y pálida
mujer me acuerdo y digo:
«¡Oh, qué amor tan callado el de la muerte!
¡Qué sueño el del sepulcro tan tranquilo!»

6

Como la brisa que la sangre orea
sobre el oscuro campo de batalla,
cargada de perfumes y armonías
en el silencio de la noche vaga;

símbolo del dolor y la ternura,
del bardo inglés en el horrible drama
la dulce Ofelia, la razón perdida,
cogiendo flores y cantando pasa.

7

Cerraron sus ojos
que aún tenía abiertos;
taparon su cara
con un blanco lienzo,
y unos sollozando,
otros en silencio,
de la triste alcoba
todos se salieron.

La luz, que en un vaso
ardía en el suelo,
al muro arrojaba
la sombra del lecho;
y entre aquella sombra
veíase, a intervalos
dibujarse rígida
la forma del cuerpo.

Despertaba el día,
y a su albor primero,
con sus mil ruidos
despertaba el pueblo.
Ante aquel contraste
de vida y misterio,
de luz y tinieblas,
medité un momento:

¡Dios mío, qué solos
se quedan los muertos!

De la casa en hombros
lleváronla al templo
y en una capilla
dejaron el féretro.
Allí rodearon
sus pálidos restos
de amarillas velas
y de paños negros.

Al dar de las Ánimas
el toque postrero,
acabó una vieja
sus últimos rezos;
cruzó la ancha nave,
las puertas gimieron
y el santo recinto
quedóse desierto.

De un reloj se oía
compasado el péndulo,
y de algunos cirios
el chisporroteo.
Tan medroso y triste,
tan oscuro y yerto
todo se encontraba...
que pensé un momento:

¡Dios mío, qué solos
se quedan los muertos!

De la alta campana
la lengua de hierro,
le dio volteando,
su adiós lastimero.
El luto en las ropas,
amigos y deudos
cruzaron en fila,
formando el cortejo.

Del último asilo,
oscuro y estrecho,
abrió la piqueta
el nicho a un extremo.
Allí la acostaron,
tapáronle luego,
y con un saludo
despidióse el duelo.

La piqueta al hombro,
el sepulturero
cantando entre dientes
se perdió a lo lejos.
La noche se entraba,
reinaba el silencio;
perdido en las sombras,
medité un momento:

¡Dios mío, qué solos
se quedan los muertos!

En las largas noches
del helado invierno,
cuando las maderas
crujir hace el viento
y azota los vidrios
el fuerte aguacero,
de la pobre niña
a solas me acuerdo.

Allí cae la lluvia
con un son eterno;
allí la combate
el soplo del cierzo.
Del húmedo muro
tendida en el hueco,
¡acaso de frío
se hielan sus huesos!...
....

¿Vuelve el polvo al polvo?
¿Vuela el alma al Cielo?
¿Todo es vil materia,
podredumbre y cieno?
¡No sé; pero hay algo
que explicar no puedo,
que al par nos infunde

repugnancia y duelo,
al dejar tan tristes,
tan solos, los muertos!

8

No dormía; vagaba en ese limbo
en que cambian de forma los objetos,
misteriosos espacios que separan
la vigilia del sueño.

Las ideas, que en ronda silenciosa
daban vueltas en torno a mi cerebro,
poco a poco en su danza se movían
con un compás más lento.

De la luz que entra al alma por los ojos
los párpados velaban el reflejo;
mas otra luz el mundo de visiones
alumbraba por dentro.

En este punto resonó en mi oído
un rumor semejante al que en el templo
vaga, confuso, al terminar los fieles
con un *amén* su rezos.

Y oí como una voz delgada y triste
que por mi nombre me llamó a lo lejos,
y sentí olor de cirios apagados,
de humedad y de incienso.

....

Entró la noche, y del olvido en brazos
caí, cual piedra, en su profundo seno;
dormí, y al despertar exclamé: «¡Alguno
que yo quería ha muerto!»

9

¿Será verdad que cuando toca el sueño
con sus dedos de rosa nuestros ojos,
de la cárcel que habita huye el espíritu
en vuelo presuroso?

¿Será verdad que, huésped de las nieblas,
de la brisa nocturna al tenue soplo
alado sube a la región vacía
a encontrarse con otros?

¿Allí, desnudo de la humana forma,
allí, los brazos terrenales rotos,

breves horas habita de la idea
el mundo silencioso?

¿Y ríe y llora, y aborrece y ama,
y guarda un rastro del dolor y el gozo,
semejante al que deja cuando cruza
el cielo un meteoro?

¡Yo no sé si ese mundo de visiones
vive fuera o va dentro de nosotros,
pero sé que conozco a muchas gentes
a quienes no conozco!

10

No sé lo que he soñado
en la noche pasada;
triste, muy triste debió ser el sueño,
pues despierto la angustia me duraba.

Noté, al incorporarme,
húmeda la almohada,
y por primera vez sentí, al notarlo,
de un amargo placer henchirse el alma.

Triste cosa es el sueño
que llanto nos arranca;
mas tengo en mi tristeza una alegría...
¡sé que aún me quedan lágrimas!

11

Hoy como ayer, mañana como hoy,
y ¡siempre igual!

Un cielo gris, un horizonte eterno,
y ¡andar..., andar!

Moviéndose a compás, como una estúpida
máquina, el corazón;

la torpe inteligencia del cerebro
dormía en un rincón.

El alma que ambiciona un paraíso,
buscándolo sin fe;

fatiga sin objeto, ola que rueda
ignorando por qué.

Voz que incesante con el mismo tono
canta el mismo cantar;

gota de agua monótona que cae
y cae sin cesar.

Así van deslizándose los días
unos de otros en pos,

hoy lo mismo que ayer..., y todos ellos
sin goce ni dolor.

¡Ay!, a veces me acuerdo suspirando
del antiguo sufrir...

Amargo es el dolor; pero siquiera,
¡padecer es vivir!

12

Este armazón de huesos y pellejo,
de pasear una cabeza loca
cansada se halla al fin, y no lo extraño;
pues, aunque es la verdad que no soy viejo,

de la parte de vida que me toca
en la vida del mundo, por mi daño

he hecho un uso tal, que juraría
que he condensando un siglo en cada día.

Así, aunque ahora muriera,
no podría decir que no he vivido;
con el sayo, al parecer nuevo por fuera,
conozco que por dentro ha envejecido.

Ha envejecido, sí; ¡pese a mi estrella!,
harto lo dice ya mi afán doliente:
que hay dolor que, al pasar, su horrible huella
graba en el corazón, si no en la frente.

13

Al ver mis horas de fiebre
e insomnio lentas pasar,
a la orilla de mi lecho,
¿quién se sentará?

Cuando la trémula mano
tienda, próximo a expirar,
buscando una mano amiga,
¿quién la estrechará?

Cuando la muerte vidrie
de mis ojos el cristal,
mis párpados aún abiertos,
¿quién los cerrará?

Cuando la campana suene
(si suena en mi funeral),
una oración al oírla
¿quién murmurará?

Cuando mis pálidos restos
oprima la tierra ya,
sobre la olvidada fosa,
¿quién vendrá a llorar?

¿Quién, en fin, al otro día,
cuando el sol vuelva a brillar,
de que pasé por el mundo,
quién se acordará?

14

LEJOS...

Lejos y entre los árboles
de la intrincada selva,
¿no ves algo que brilla
y llora? Es una estrella.

Ya se la ve más próxima,
como a través de un tul,
de una ermita en el pórtico
brillar. Es una luz.

De la carrera rápida
el término está aquí.
Desilusión. No es lámpara ni estrella
la luz que hemos seguido: es un candil.

15

¡Qué hermoso es ver el día
coronado de fuego levantarse,
y a su beso de lumbre
brillar las olas y encenderse el aire!

¡Qué hermoso es, tras la lluvia
del triste otoño en la azulada tarde,
de las húmedas flores
el perfume aspirar hasta saciarse!

¡Qué hermoso es, cuando en copos
la blanca nieve silenciosa cae,
de las inquietas llamas
ver las rojizas lenguas agitarse!

¡Qué hermoso es, cuando hay sueño,
dormir bien... y roncar como un sochantre...
y comer... y engordar... ¡Y qué desgracia
que esto sólo no baste!

16

Yo sé cuál el objeto
de tus suspiros es.
Yo conozco la causa de tu dulce
secreta languidez.
¿Te ríes...? Algún día
sabrás, niña, por qué.
Tú acaso lo sospechas,
y yo lo sé.

Yo sé cuando tú sueñas,
y lo que en sueños ves.
Como en un libro puedo lo que callas
en tu frente leer.
¿Te ríes...? Algún día
sabrás, niña, por qué.
Tú acaso lo sospechas,
y yo lo sé.

Yo sé por qué sonríes
y lloras a la vez;
yo penetro en los senos misteriosos
de tu alma de mujer.
¿Te ríes...? Algún día
sabrás, niña, por qué:

mientras tú sientes mucho y nada sabes
yo, que no siento ya, todo lo sé.

(Noviembre de 1870)

17

A LA MUERTE DE UN NIÑO

Fue la gota de rocío
que diera la aurora al suelo
para mayor atavío;
que al herirla en sol de estío
en vapor tornóse al cielo.

18

A TODOS LOS SANTOS

1 DE NOVIEMBRE

Patriarcas que fuisteis la semilla
del árbol de la fe en siglos remotos,
al vencedor divino de la muerte
rogadle por nosotros.

Profetas que rasgasteis inspirados
del porvenir el velo misterioso,
al que sacó la luz de las tinieblas
rogadle por nosotros.

Almas cándidas, Santos Inocentes
que aumentáis de los ángeles el coro,
al que llamó a los niños a su lado
rogadle por nosotros.

Apóstoles que echasteis en el mundo
de la Iglesia el cimiento poderoso,
al que es de la verdad depositario
rogadle por nosotros.

Mártires que ganasteis vuestra palma

en la arena del circo, en sangre rojo,
al que os dio fortaleza en los combates
rogadle por nosotros.

Vírgenes semejantes a azucenas,
que el verano vistió de nieve y oro,
al que es fuente de vida y hermosura
rogadle por nosotros.

Monjes que de la vida en el combate
pedisteis paz al claustro silencioso,
al que es iris de calma en las tormentas
rogadle por nosotros.

Doctores cuyas plumas nos legaron
de virtud y saber rico tesoro,
al que es raudal de ciencia inextinguible
rogadle por nosotros.

Soldados del Ejército de Cristo,
Santas y Santos todos,
rogadle que perdone nuestras culpas
a Aquel que vive y reina entre vosotros.

19

Primera voz

Las ondas tienen vaga armonía;
las violetas suave olor;
brumas de plata, la noche fría;
luz y oro el día;
yo, algo mejor:
¡yo tengo *Amor*!

Segunda voz

Aura de aplausos, nube radiosa,
ola de envidia que besa el pie,
isla de sueños donde reposa
el alma ansiosa,
dulce embriaguez,
¡la *Gloria* es!

Tercera voz

Ascua encendida es el tesoro,
sombra que huye la vanidad;
todo es mentira: la gloria, el oro.
Lo que yo adoro
sólo es verdad:
¡la *libertad*!

Así los barqueros pasaban cantando
la eterna canción,
y al golpe del remo saltaba la espuma
y heríala el sol.

—¿Te embarcas?, gritaban. Y yo, sonriendo,
les dije al pasar:
—Ha tiempo lo hice; por cierto que aún tengo
la ropa en la playa tendida a secar.

20

Fingiendo realidades
con sombra vana,
delante del Deseo
va la Esperanza;

y sus mentiras,
como el Fénix, renacen
de sus cenizas.

21

EN EL ÁLBUM DE LA SEÑORA DOÑA...

Solitario, triste y mudo
hállase aquel cementerio;
sus habitantes no lloran...
¡Qué felices son los muertos!

ÍNDICE

Poemas de transición (1855-1856).

Rimas (1858-1868)

Otras *Rimas* y otros poemas (1858-1870)